누리 과정에서 쏙쏙

자연탐구 생활 속에서 탐구하기 – 물체의 특성과 변화를 여러 가지 방법으로 구별한다.
사회관계 사회에 관심 가지기 – 우리나라에 대해 자부심을 가진다.
– 다양한 문화에 관심을 가진다.

초등 과정에서 쏙쏙

통합 우리나라1 2. 우리의 전통문화 – 외국인을 만났어요
통합 우리나라2 1. 우리나라와 이웃 나라 – 우리의 집, 우리의 음식
통합 나2 1. 나의 몸 – 내 몸이 아파요

감수 및 추천 이명근 박사(미국 존스홉킨스 대학교 교수 역임, 현재 연세대학교 보건대학원 교수)
세계 곳곳의 재난지에 뛰어들어 어린이들은 물론 도움이 필요한 사람들을 구조하며 봉사의 삶을 사는 분입니다. 알아야 더 잘할 수 있다는 믿음으로 연세대학교 보건대학원에 '국제 재난 대응 전문가 과정'을 개설하여 많은 재난 구조 전문가를 양성하고 있습니다. 국제 NGO인 '머시코'(Mercy Corp.)와 UNDP(유엔경제개발계획)에서 활동하기도 했습니다. 지금은 재난 구호의 필요성을 알리고, 아시아와 아프리카의 개발을 위해 '코이카'(KOICA, 한국국제협력단)와 국제 개발 기관인 '글로벌 투게더' 등과 함께 봉사에 앞장서고 있습니다.

글 조한나
초등학교 시절 어느 겨울 방학, 콧등까지 이불을 덮고 부모님이 사 주신 전집을 한권 한권 읽으며
이야기에 빠져들기 시작했습니다. 그렇게 〈허클베리 핀의 모험〉을 따라, 〈키다리 아저씨〉의 주디의 일기를 흉내 내며
어느덧 동화를 쓰는 작가가 되었습니다. 대학에서는 희곡을 공부하였고, 오랫동안 방송 작가로 활동하였습니다.
현재는 출판사에서 그림책 기획자이자 작가로 활동하고 있습니다.

그림 이승연
계원예술대학교에서 가구 디자인을 공부했습니다.
그동안 여러 매체를 통해 삽화를 그렸으며, 고려대학교부속병원 사보 작업을 했습니다.
〈엄마 아빠가 이상해〉, 〈30일 기적의 공부법〉 등 많은 책에 그림을 그렸습니다.

도구와 기계 | 전통 생활 과학
42. 좋아좋아 김치

글 조한나 | 그림 이승연
펴낸곳 스마일 북스 | **펴낸이** 이행순 | **제작 상무** 장종남
대표 조주연 | **주소** 서울특별시 종로구 사직로8길 20, 103호
출판등록 제2013 - 000070호   **홈페이지** www.smilebooks.co.kr
전화번호 1588 - 3201   **팩스** (02)747 - 3108
기획 · 편집 조주연 김민정 김인숙 | **디자인** 김수정 정수하
사진 제공 및 대여 셔터스톡 연합뉴스 프리픽

이 책의 모든 글과 그림 등의 저작권은 스마일 북스에 있습니다.
본사의 허락 없이 이 책에 실린 내용의 일부 또는 전체를 어떤 형태로든지
변조하거나 무단 복제하는 것은 법으로 금지되어 있습니다.

⚠ 책을 집어던지면 다칠 수 있으니 조심하십시오. 잘못 만들어진 책은 바꾸어 드립니다.

좋아좋아 김치

글 조한나 | 그림 이승연

아주 오래전, 바다 건너
먼 나라에서 스완이라는 의사가
우리나라를 찾아왔어요.

그 당시 우리나라는 '조선'으로 불리고 있었지요.
'조선은 의술이 뒤떨어진 나라일 테니,
내가 할 일이 많을 거야.'
스완은 이렇게 생각했어요.

조선은 언제 있던 나라예요?
우리나라는 아주 오래전에 세워진 나라여서, 고구려와 고려, 조선 같은 이름으로 여러 차례 바뀌어 불렸어요. 오늘날은 '대한민국'이지만, 100여 년 전까지만 해도 조선으로 불렸답니다.

그런데 사람들은 스완을 보자마자 깜짝 놀랐어요.
"으악! 머, 머리가 노란색이야! 눈도 파랗잖아!"

사람들은 슬금슬금 스완을 피했어요.
밤이 되었지만 스완은 잘 곳도 없었어요.
스완은 커다란 바위에 기대고 누워
오들오들 떨었어요.
"에, 에, 에취!"

어느새 잠이 들었나 봐요.
"이봐요. 어서 일어나요!"
나무꾼 할아버지가 스완을 깨웠어요.
스완은 열이 펄펄 나고,
몸이 욱신욱신 아팠어요.

"이렇게 추운 날 밖에서 자면 큰일 나요."
할아버지는 스완을 집으로 데려갔어요.

다음 날 아침, 스완은
몸이 날듯이 가벼웠어요.
"약도 안 먹었는데 감기가 다 나았나 봅니다.
방바닥이 어찌나 따뜻한지,
정말 잠을 푹 잘 잤습니다."
스완은 이리저리 몸을 쭉쭉 폈어요.

"이게 다 *온돌 덕분이라네."
"온돌? 그게 뭐예요?"
"집을 지을 때 널따란 돌을 깔아 방바닥을 만들고, 아궁이와 연결된 길을 만들지. 아궁이에 불을 때면 뜨거운 기운이 돌과 돌 사이를 데워 방바닥을 뜨겁게 만드는 거라네."

온돌 불기가 방 밑을 통과하여 방을 덥히는 장치예요.

아궁이
불을 때는 곳이에요. 솥을 앉혀 음식도 만들어요.

고래
방바닥 밑으로 뜨거운 기운과 연기가 지나갈 수 있도록 만든 길이에요.

구들장
고래를 덮은 넓적하고 평평한 돌이에요.

굴뚝
연기가 빠져나가는 곳이에요.

"오, 이 아래에 그런 과학이 숨어 있다니!"
스완은 따뜻한 방바닥이 그저 신기하기만 했어요.

"할아버지, 고맙습니다.
제 감기를 낫게 해 주셨어요."
배불리 아침을 먹고 기운을 차린 스완은
할아버지의 엉덩이에 난 종기를 치료해 주었어요.

스완은 할아버지가 준
한복을 입고
마을로 내려갔어요.

그런데 스완은 배가 살살 아파 오기 시작했어요.
시장에 이르자, 걸음을 옮기기도 힘들었지요.
"아니, 왜 그래요?"
추운 날 땀까지 뻘뻘 흘리는 스완을 보고
떡을 팔던 할머니가 걱정스레 물었어요.
"실은 제가 오랫동안 변을 못 봐서……."

"쯧쯧, 그런 거라면 내가 고쳐 주지."
스완을 집으로 데려간 할머니는
잘 익은 **김치**를 쭈욱 찢어
구수한 꽁보리밥 위에 올려 주었어요.
스완은 그렇게 할머니가 해 주는
밥을 먹으며 며칠을 보냈어요.

"우아, 할머니, 이젠 변이 쑥쑥 나와요!
김치만 먹었는데 어떻게 된 일이지요?"
"김치가 약인 거지.
소금을 살살 뿌려 절인 배추에
고춧가루와 마늘, 양념을 쓱쓱 버무려 놓으면
그게 바로 김치고, 그게 바로 약인 거야."

김치를 먹으면 왜 변이 잘 나와요?
잘 익은 김치 속에는 젖산균이 듬뿍 들어 있어요. 젖산균은 김치를 새콤하게 익혀 주고, 몸에서 음식물이 잘 소화될 수 있도록 도와준답니다.

"이리 와서 내가 담근 김치 좀 보게나."
할머니는 스완에게 김치를 자랑했어요.

나는 무!

총각김치
어린 무를 잎이 달린 채로 양념을 해서 담근 김치예요.

백김치
고춧가루를 넣지 않거나 적게 넣어서 하얗게 담근 김치예요.

"그런데 이렇게 두면 음식이 안 상해요?"
"상하기는! 오히려 맛이 좋아지지."
"어떻게요?"

파김치
중간 크기의 파에 양념을 넣어 담근 김치예요.

깍두기
무를 먹기 알맞게 썰어 양념을 넣고 버무린 김치예요.

"**옹기**가 숨을 쉬잖아."

🍎 **옹기가 숨을 쉰다고요?**
옹기는 진흙으로 구운 도기예요. 옛날부터 간장, 된장, 고추장, 젓갈, 김치를 옹기에 넣어 보관했어요. 옹기는 빗물이 안으로 들어가지 못하게 하면서도 공기는 밖으로 통하게 하기 때문에 이로운 미생물이 생겨나도록 도와주고, 음식이 변하지 않고 제맛을 지니도록 해 주어요.

"옹기에는 우리 눈에 보이지 않지만,

아주 작은 구멍들이 있어.

흡

하

그 구멍들을 통해

신선한 공기는 들어오고

나쁜 공기는 밖으로 나가

맛도 좋아지고, 몸에도 좋은 거야."

스완은 할머니네 집에서 지내면서
피부병에 걸린 남자아이를 고쳐 주었어요.

열이 펄펄 나는 어린아이도 낫게 해 주었지요.

"우리 아이들 병을 고쳐 주어서 고맙습니다.

이제부터는 이곳에서 지내세요."

마을 사람들은 스완을 위해 집을 지어 주었어요.

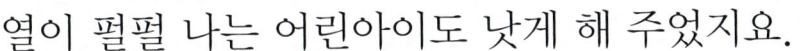

스완은 아늑한 방에 누웠어요.
달빛이 은은하게 방 안에 드리웠지요.
"저 **한지**는 아무리 봐도 신기해.
달빛은 들여보내면서
찬 바람은 막아 주다니."
방문을 바라보며
생각에 잠겨 있던 스완은
어느덧 스르르 잠이 들었어요.

한지 우리나라 고유의 종이로, 방문 창호지로도 많이 썼어요.

생활 속에 숨어 있는 조상의 지혜

우리가 먹고, 입고, 잠자는 곳에는 옛날부터 조상들이 살아오면서 알아낸 지혜들이 담겨 있어요. 특히 **한옥**과 **옹기**에는 자연을 이용한 슬기로움이 배어 있어요.

🍊 한옥의 구조를 알아보아요

우리나라의 전통 집인 한옥에는 우수한 과학 기술이 배어 있어요.

황토벽
벽에는 붉은빛이 도는 고운 흙을 반죽하여 발랐어요. 황토는 여름에는 방을 시원하게 해 주고, 겨울에는 추위를 막아 따뜻하게 해 주어요.

한지
문에는 한지를 발랐어요. 한지는 질기고 튼튼하며 공기가 잘 통해요.

마루
마루는 널빤지를 깔아서 만들었어요. 바람이 잘 통하여 시원해요. 방과 방 사이에 있는 대청마루, 밖으로 덧달아 낸 쪽마루 등이 있어요.

기와
기와는 진흙을 반죽하여 모양을 만든 뒤 불에 구워 만들었어요. 비가 와도 빗물이 새지 않고, 불에도 잘 타지 않아요.

온돌방
온돌은 우리 고유의 난방 시설이에요. 한번 불을 때면 오랫동안 식지 않아 온돌방은 아주 따뜻해요.

🍅 이렇게 옹기가 만들어져요

① 모양 만들기
흙을 물에 반죽해서 진흙을 만들고, 그 진흙을 빚어서 알맞은 모양을 만들어요.

② 초벌구이와 유약 바르기
가마에 한 번 구워 낸 다음, 유약을 발라 그늘에 말려요. 전통적인 유약은 재를 물에 타서 만들어요.

③ 재벌구이
뜨거운 가마(1200도 이상)에서 다시 구워요. 이때 가마의 온도가 아주 중요해요.

④ 완성하기
가마에서 구워지면 윤이 나고 단단한 옹기가 완성됩니다.

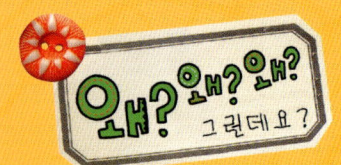

전통 생활 과학에 대한 요런조런 호기심!

짚은 어디에 쓰였어요?

곡식의 낟알을 떨어내고 남은 줄기와 잎을 '짚'이라고 해. 이 짚을 꼬아서 지붕을 덮기도 하고, 담장을 둘러치는 데 쓰기도 했어. 짚으로 비 올 때 입는 도롱이를 만들기도 했지. 또, 짚신이라는 신발을 만들어 신고, 짚을 단단히 꼬아 밧줄로 쓰기도 했어. 쌀이나 곡식을 담아 두는 가마니나 소쿠리도 짚으로 만들었어. 짚은 생활 속에서 아주 쓸모가 많았단다.

짚으로 곡물이나 채소 등을 저장해 두는 움집을 만들었어요.

짚을 엮어 지붕을 얹거나 담을 두르는 데 사용했어요.

겨울에 왜 김칫독을 땅속에 묻어요?

흙을 빚어 만든 옹기는 신선한 공기가 드나들 수 있도록 되어 있어. 냉장고가 없던 시절, 여름에는 김치를 옹기에 넣어 찬 우물이나 바람이 잘 통하는 시원한 뒷마당에 두고 먹었어. 그리고 겨울에는 땅속에 김칫독을 묻었지. 땅속에서는 일정한 온도를 유지할 수 있기 때문에 김치가 쉽게 얼지 않아서 오랫동안 맛있는 김치를 먹을 수 있었단다.

가을에 김장을 한 후 땅속에 파묻어 보관하는 김칫독이에요.

한지는 어떤 종이예요?

한지는 우리나라에서 만드는 전통 종이야. 보통 닥나무의 껍질을 벗겨서 삶고 거르고 말려서 만들지. 한지는 질기고 오래가서, 그림을 그리거나 책을 만드는 데 이용했어. 한지를 여러 겹으로 붙여 항아리나 물병, 지갑, 옷을 만들어도 오랫동안 모양이 변하지 않는단다.

우리나라의 전통 종이인 한지는 질기고 오래가요.

우리나라 전통 집은 왜 1층만 있어요?

우리나라의 전통 집은 온돌로 되어 있어. 아궁이에 불을 때면, 그 열기가 구들장을 통해 방바닥으로 전해지도록 만들었지. 그런데 집이 2층이면, 2층에도 구들장을 놓고 불을 때야 하는데, 옛날에는 모두 나무로 집을 짓다 보니 불이 날까 봐 많이 걱정했어. 무게를 견디도록 단단히 짓는 것도 어려웠지. 그래서 우리나라 전통 집은 1층만 있는 거란다.

우리나라 전통 집은 온돌을 사용했기 때문에 2층집을 짓지 않았어요.

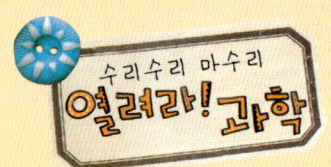

우리나라 전통 과학 도구들

우리나라에는 아주 오래전에 만들어졌음에도 뛰어난 기술을 자랑하는 건물이나 도구들이 많이 있어요.

별을 관측했던 **경주 첨성대**예요. 돌을 쌓아 올려 만들었어요. 별자리의 움직임을 보면서 농사지을 시기를 결정했어요.

물시계인 **자격루**예요. 물을 위쪽에서 흘려보내면 항아리에 채워진 물 때문에 정해진 시간에 종을 쳐서 시간을 알려 주었어요.

해시계인 **앙부일구**예요. 솥처럼 생긴 오목한 시계판에 눈금이 그려져 있고, 햇빛이 비치면서 생기는 그림자를 보고 시간을 알아냈어요.

전통 탈 만들기

한지를 이용해 만들 수 있는 것들이 많아요. 우리 조상들은 한지로 서랍장을 만들기도 하고, 보석함도 만들었어요. 탈을 만들어 놀이도 했지요. 한지를 이용하여 탈을 만들어 볼까요?

준비물 둥그런 그릇, 신문지, 한지, 밀가루 풀, 고무줄

신문지를 찢어 밀가루 풀에 섞어 만든 종이죽을 그릇의 둥근 면에 붙여요.

종이죽이 마르기 전, 눈과 입을 뚫고, 코를 만들어요. 완전히 마르면 그릇에서 떼어 내요.

신문지 탈 위에 하얀 한지를 붙이고, 그 위에 색색의 한지를 붙여 꾸며요.

탈의 양 끝에 구멍을 내어 고무줄을 맨 뒤, 얼굴에 써 보세요.